O SISTEMA E O ANTISSISTEMA

TRÊS ENSAIOS, TRÊS MUNDOS NO MESMO MUNDO

Ailton Krenak
Helena Silvestre
Boaventura de Sousa Santos

O SISTEMA E O ANTISSISTEMA

TRÊS ENSAIOS, TRÊS MUNDOS NO MESMO MUNDO

autêntica

EDITORAS RESPONSÁVEIS
Rejane Dias
Cecília Martins

REVISÃO
Cecília Martins

ILUSTRAÇÃO DE CAPA
Peu Pereira

PROJETO GRÁFICO
Diogo Droschi

DIAGRAMAÇÃO
Guilherme Fagundes

Dados Internacionais de Catalogação na Publicação (CIP)
(Câmara Brasileira do Livro, SP, Brasil)

Krenak, Ailton
O sistema e o antissistema : três ensaios, três mundos no mesmo mundo / Ailton Krenak, Helena Silvestre, Boaventura de Sousa Santos. -- Belo Horizonte : Autêntica, 2021.

Bibliografia.
ISBN 978-65-5928-082-7

1. Direita e esquerda (Ciência política) 2. Ensaios 3. Política e governo 4. Sistema político - Brasil I. Silvestre, Helena. II. Santos, Boaventura de Sousa. III. Título.

21-75246 CDD-320

Índices para catálogo sistemático:
1. Ciência política 320

Cibele Maria Dias - Bibliotecária - CRB-8/9427

Belo Horizonte
Rua Carlos Turner, 420
Silveira . 31140-520
Belo Horizonte . MG
Tel.: (55 31) 3465 4500

São Paulo
Av. Paulista, 2.073, Conjunto Nacional
Horsa I . Sala 309 . Cerqueira César
01311-940 . São Paulo . SP
Tel.: (55 11) 3034 4468

www.grupoautentica.com.br
SAC: atendimentoleitor@grupoautentica.com.br

Prefácio para contar uma história

Boaventura, em Quintela, Portugal

No âmbito das minhas colaborações na imprensa, publiquei em fevereiro de 2021, no *Jornal de Letras e Ideias* (depois reproduzido em vários portais no Brasil), um artigo intitulado "O sistema e o antissistema". Ao escrever esse artigo, dominava-me a preocupação com o crescimento da extrema-direita no mundo e, mais recentemente, em Portugal. A minha amiga Helena Silvestre – uma das coisas boas da pandemia foi tê-la conhecido no ano passado numa das transmissões ao vivo (*lives,* no Brasil) – tinha lido o artigo e disse-me que tinha sobre o tema uma opinião muito diferente. Incitei-a a escrever, desafio que ela de imediato aceitou. E como amizade puxa amizade, ocorreu-me que se outro amigo, o Ailton Krenak, quisesse igualmente escrever, isso seria o ideal. Teríamos três miniensaios distintos sobre o mesmo tema geral, escritos a partir de diferentes contextos sociais, políticos e culturais, por autores de diferentes gerações, com diferentes identidades e histórias de vida, mas irmanados na mesma luta por uma sociedade mais justa, mais igual e mais respeitadora da diversidade e da diferença. Seria um contributo para uma ecologia de saberes?

Helena, em Campo Limpo,
São Paulo, Brasil

Quando menina, meu bairro era meu mundo e aprendi a enxergar na paisagem cotidiana múltiplas realidades conviventes, mundos diversos. Hoje – mulher adulta, arrastando o corpo por trajetórias de fronteira – o confinamento do primeiro ano da peste me circunscreveu no espaço, permitindo, ainda assim, pontes e portas abertas ao encontro. Encontros de onde brotam as maravilhas que cultivo e aquelas com que sonho. Pela janela do computador, encontrei-me com Quintela – aldeia que não conhecia – e com Boaventura – hoje um amigo mais que querido. Viagens através dos eletrônicos permitiram alianças entre mundos, que existem e estão aqui, convivendo avizinhados. Quando li meu amigo contar, de sua aldeia, sobre o temor diante do avanço da extrema-direita, senti o desejo grande de lhe dizer como eu vejo o mesmo evento, desde os meus olhos, cravados num bairro de periferia na favelada Zona Sul de São Paulo. O meu desejo de contar foi generosamente acolhido, no gesto concreto de quem sabe as maravilhas que ainda aguardam nossa capacidade de viver em comunhão na diferença.

Ailton, na Terra Indígena Krenak,
área rural de Resplendor,
Minas Gerais, Brasil

Este texto foi narrado e escrito desde a aldeia Krenak, onde estou neste momento, na margem esquerda do Watu, o Rio Doce. É uma conversa com Boaventura de Sousa Santos, que já me convidou para falar na Universidade de Coimbra, onde estive pela primeira vez em 2016 e proferi uma aula, convidado pelo colega Felipe Milanez, então pesquisador do Centro de Estudos Sociais. Fazia poucos meses do crime da Vale que matou o Watu (rio Doce na língua krenak), estendendo uma longa jornada de privação e sofrimento para as comunidades ribeirinhas, povos indígenas, quilombolas. Fazia alguns anos que eu não viajava para fora do Brasil, e essa foi a minha primeira ida a Portugal, um lugar que havia muitos anos eu queria conhecer. Identifiquei que esse era um momento importante de ampliar os diálogos de ideias e debates diante de tragédias tão graves que esse crime anunciava. As reflexões abaixo seguem essa minha vontade de imaginar um mundo compartilhado, com todas as diferenças que enriquecem a vida e as potências epistemológicas que aprendi em meu caminhar com meus irmãos originários deste continente.

O sistema e o antissistema

BOAVENTURA DE SOUSA SANTOS

O crescimento global da extrema-direita voltou a dar uma nova importância ao conceito de antissistema em política. Para entender o que se está passando é necessário recuar algumas décadas. Num texto deste tipo não é possível dar conta de toda a riqueza política deste período. As generalizações serão certamente arriscadas, e não faltarão omissões. Mesmo assim, o exercício impõe-se pela urgência de dar algum sentido ao que, por vezes, parece não ter sentido nenhum.

O binarismo sistema/antissistema está presente nas mais diversas disciplinas, das ciências naturais às ciências humanas e sociais, da biologia à física, da epistemologia à psicologia.

O corpo, o mundo, a cidade ou o clima podem ser concebidos como sistemas. Há mesmo uma disciplina dedicada ao estudo dos sistemas – a teoria dos sistemas. O sistema é, em geral, definido como uma entidade composta de diferentes partes que interagem de modo a comporem um todo unificado ou coerente. O sistema é, assim, algo limitado, e o que está fora dele tanto o pode rodear e influenciar (o seu meio ambiente) como lhe pode ser hostil e pretender destruir (antissistema).

Nas ciências sociais, ainda que algumas correntes rejeitem a ideia de sistema, são muitas as formulações do binarismo sistema/antissistema. Distingo duas formulações particularmente influentes. A teoria do sistema-mundo proposta por Immanuel Wallerstein[1] defende que, historicamente, existiram dois tipos de sistema-mundo: o império-mundo e a economia-mundo. O primeiro é caracterizado por um centro político com amplas estruturas burocráticas e

[1] WALLERSTEIN, Immanuel. (1974). *The Modern World-System I: Capitalist Agriculture and the Origins of the European World-Economy in the Sixteenth Century.* Berkeley: University of California Press, 2011.

múltiplas culturas hierarquizadas; o segundo é caracterizado por uma só divisão do trabalho, múltiplos centros políticos e múltiplas culturas igualmente hierarquizadas. Desde o século XVI, existe o sistema-mundo moderno assente na economia-mundo do capitalismo, um sistema dinâmico, conflitual, com diferentes ritmos temporais, que dividiu as regiões do mundo em três categorias – o centro, a periferia e a semiperiferia – definidas em função do modo como se apropriam (ou são expropriadas) das mais-valias da produção capitalista e colonialista global. O sistema permite transferências de valor dos países periféricos para os países centrais, enquanto os países semiperiféricos atuam como correias de transmissão do valor criado da periferia para o centro (como foi o caso de Portugal durante séculos).

A outra concepção de sistema (e de antissistema) tem sido desenvolvida sobretudo na ciência política e nas relações internacionais. O sistema é aqui concebido como um conjunto coerente de princípios, normas, instituições, conceitos, crenças e valores que definem os limites do que é convencional e legitimam as atuações dos agentes dentro desses limites.

A unidade do sistema pode ser tanto local como regional, nacional ou internacional. Podemos dizer que, depois da Segunda Guerra Mundial, foram dois os sistemas nacionais dominantes: o sistema político de partido único ao serviço do socialismo (o mundo sino-soviético) e o sistema democrático liberal ao serviço do capitalismo (o mundo liberal). As relações internacionais entre os dois sistemas configuraram um terceiro, a Guerra Fria, um sistema regulado de conflito e contenção. A Guerra Fria condicionou o modo como foram avaliados os dois sistemas nacionais/regionais: para o mundo liberal, o mundo sino-soviético era uma ditadura a serviço de uma casta burocrática; para o mundo sino-soviético, o mundo liberal era uma democracia burguesa a serviço da acumulação e da exploração capitalista. Com a queda do Muro de Berlim (1989), esse sistema feito de três sistemas entrou em crise. A nível nacional passou a reconhecer-se um só sistema legítimo, o liberal. A crise do sistema internacional da Guerra Fria atingiu o paroxismo com a presidência de Donald Trump. Vistas da longa duração do sistema-mundo moderno, essas transformações políticas, apesar do seu dramatismo, são variações epocais dentro do mesmo sistema, as quais, quando muito, podem estar sinalizando uma crise mais profunda do próprio sistema-mundo.

São antissistêmicos os movimentos que se opõem radicalmente ao sistema dominante. Ao longo do século XX, foram antissistêmicos os movimentos que se opunham ao capitalismo e ao colonialismo (antissistema-mundo) e os que se opunham à democracia liberal (anti-mundo liberal). Alguns movimentos foram contra o capitalismo/colonialismo, mas não contra a democracia liberal, caso dos partidos socialistas e da maioria dos sindicatos das primeiras décadas do século XX (socialismo democrático). Outros foram contra o capitalismo/colonialismo e a democracia liberal, caso dos movimentos revolucionários – comunistas, anarquistas – e de muitos dos movimentos de libertação anticolonial, com adoção ou não da luta armada. Por fim, outros foram contra a democracia liberal, mas não contra o capitalismo/colonialismo. Foram os movimentos reacionários, nazistas, fascistas, populistas de direita que ou nem sequer aceitavam os três princípios da Revolução Francesa (liberdade, igualdade, fraternidade), ou viam na evolução da democracia liberal (alargamento do sufrágio, multiplicação dos direitos sociais e econômicos) e no crescimento do movimento comunista depois da Revolução Russa uma perigosa deriva que acabaria por pôr em causa o capitalismo. Esses movimentos propuseram um capitalismo tutelado pelo Estado autoritário (fascismo e nazismo).

Foi sempre importante distinguir entre esquerda e direita, entre movimentos revolucionários e contrarrevolucionários. Os primeiros, quando lutaram contra o capitalismo/colonialismo, fizeram-no em nome de um sistema social mais justo, mais diverso e mais igual; e, quando lutaram contra a democracia liberal, foi em nome de uma democracia mais radical, mesmo que o resultado acabasse por ser a ditadura, como aconteceu com Stalin. Pelo contrário, os movimentos contrarrevolucionários lutaram sempre contra as forças anticapitalistas e anticolonialistas, muitas vezes com o preconceito de estas serem protagonizadas por classes inferiores ou perigosas, e, pelas mesmas razões, dispuseram-se a optar pela ditadura sempre que a democracia liberal significasse alguma ameaça para o capitalismo.

1945-1989

De 1945 a 1989 a dialética entre o sistema e o antissistema foi muito dinâmica. Nos países centrais do sistema-mundo, o que chamamos hoje Norte Global, o fascismo e o nazismo foram derrotados e apenas sobreviveram em três países semiperiféricos da Europa: Portugal (1926-1974), Espanha (1939-1975) e Grécia (1967-1974). Na Rússia (e países satélites), a outra semiperiferia europeia, e na China consolidou-se o sistema sino-soviético. Nos países europeus centrais a democracia liberal passou a ser o único regime político legítimo. Os partidos socialistas abandonaram a luta anticapitalista (em 1959, o SPD alemão dissociou-se do marxismo) e passaram a gerir a tensão entre democracia liberal (fundada na ideia de soberania popular) e capitalismo (fundado na ideia de acumulação infinita de riqueza) segundo a nova fórmula dada a um velho conceito: a social-democracia. Por sua vez, os partidos comunistas e outros à esquerda dos partidos socialistas integraram-se no sistema democrático. Aliás, durante a noite fascista e nazista, os militantes desses partidos (sobretudo os comunistas) foram quem mais dedicadamente lutou pela democracia, tendo pagado um alto preço por isso. É bom recordar, a título de exemplo, que Álvaro Cunhal, secretário-geral do PCP, esteve preso durante 15 anos, 8 dos quais em regime solitário.

Na periferia e na semiperiferia do sistema-mundo os movimentos anticapitalistas e antidemocracia liberal assumiram o poder na China (1949-), em Cuba (1959-), na Coreia do Norte (1948-) e no Vietnam (Vietnam do Norte de 1954 a 1975 e, desde então, Vietnam), e noutros países alimentaram durante muitos anos a luta antissistêmica, por vezes com recurso à luta armada, casos da Colômbia, das Filipinas, da Turquia, do Sri Lanka, da Índia, do Uruguai, da Nicarágua, de El Salvador, da Guatemala. Houve também alguns processos políticos autoritários politicamente ambíguos, como, por exemplo, o peronismo na Argentina e o varguismo no Brasil, com uma postura antidemocracia liberal, mas sem glorificação da violência política nem ódio racial. Foram esses sistemas híbridos que se designaram originalmente por populismo. O caso mais significativo de movimento anticapitalista mas não antidemocracia liberal foi o liderado por Salvador Allende no Chile

(1970-1973), neutralizado por um golpe brutal planejado pela CIA.

Na África e na Ásia, os movimentos de libertação anticoloniais conferiram uma nova complexidade aos movimentos antissistêmicos. Inspirados pela Conferência de Bandung de 1955, que reuniu 29 países asiáticos e africanos, e conferiu força política ao conceito de Terceiro Mundo (o Movimento dos Não Alinhados), propunham-se fazer uma dupla ruptura na lógica sistêmica. Por um lado, rejeitavam tanto o capitalismo liberal como o socialismo soviético e dispunham-se a lutar por alternativas que combinavam o pensamento político europeu e várias estirpes de pensamento africano. Por outro lado, procuravam construir um regime político democrático de tipo novo, assente no protagonismo dos movimentos de libertação. Grande parte dessa experimentação política colapsou durante a década de 1980 por erros internos e pelo cerco do capitalismo global.

1989 até hoje

No período mais recente, os traços mais significativos da política antissistêmica são os seguintes. Com o colapso da URSS pareceu que o mundo da democracia liberal tinha vencido a competição histórica entre sistemas, e de maneira irreversível ("o fim da história"). Mas quem venceu? Como vimos, os dois pilares da luta antissistêmica foram, nos últimos 150 anos, a luta contra o capitalismo/colonialismo e a luta contra a democracia liberal. Em 1989 venceram o capitalismo e a democracia conjuntamente? Ou a democracia à custa do capitalismo? Ou, ainda, o capitalismo à custa da democracia? Para responder a essas perguntas é necessário examinar o que se passou no período anterior com os dois pilares e as mudanças convergentes que ocorreram neles.

Tenhamos em mente que antes de 1945 o fascismo e o nazismo foram, em grande medida, uma resposta ao crescimento da militância das classes trabalhadoras ("a ameaça comunista") combinado com altos níveis de desemprego e de inflação e o empobrecimento das grandes maiorias. Por sua vez, os limites da democracia liberal (limites do sufrágio, controle total das elites, ausência de políticas públicas universais) não permitiam nem gerir a conflitualidade social, nem dar aos movimentos socialistas a oportunidade de consolidar alternativas. Era feroz o confronto entre dois tipos de alternativa: o reformismo e a revolução. Depois de 1945, e como resposta à consolidação do mundo sino-soviético, o mundo liberal dos países centrais procurou baixar a tensão entre democracia e capitalismo. Para isso, as classes capitalistas que o dominavam tiveram de fazer concessões inimagináveis no período anterior: impostos muito elevados, nacionalização dos setores estratégicos, cogestão entre trabalho e capital nas grandes empresas (caso da então Alemanha Ocidental), direitos do trabalho robustos, políticas sociais universais (saúde, educação, sistema de pensões, transportes). Com isso surgiram amplas classes médias, e foi com base nelas que o reformismo se consolidou. Na Europa ocidental, a compatibilidade entre democracia liberal e capitalismo ocorria por via da combinação de altos níveis de proteção social com altos níveis de produtividade. Nos EUA, o reformismo assumiu formas muito mais tênues. Ainda envolveu uma resposta à imaginada ameaça comunista (o macartismo), que aflorou na Alemanha Ocidental sob a forma de *Berufsverbot* (desqualificação para o exercício de certos cargos por parte dos comunistas e "extremistas radicais"). Mas a nova posição hegemônica dos EUA, a militância sindical e a pujança dos "trinta anos gloriosos" (1945-1975) garantiram a emergência de fortes classes médias.

Esse compromisso entre democracia e capitalismo, combinado com a existência da URSS, foi o que garantiu a queda, nos países centrais, dos movimentos antissistêmicos, tanto de esquerda como de direita. Esse compromisso entrou em crise a partir de meados da década de 1970 com a primeira crise do petróleo e a crítica dos conservadores ao "excesso de direitos" da democracia. Em 1975 a Comissão Trilateral publicava um relatório, de autoria de Michel Crozier, Samuel Huntington e Joji Watanuk,[2] segundo o qual a democracia estava sobrecarregada de direitos (leia-se, direitos laborais, econômicos e sociais conquistados pelas classes trabalhadoras nas décadas anteriores)

---

[2] CROZIER, Michel; HUNTINGTON, Samuel; WATANUKI, Joji. *The Crisis of Democracy. Report on Governability of Democracies to the Trilateral Commission*. New York: New York University Press, 1975.

que punham em causa a sua governabilidade. Essa ideia do excesso de direitos defendida pelas classes dominantes e elites políticas conservadoras aumentou dramaticamente depois de 1989. Em retrospecto, pode se dizer que em 1989 os derrotados foram tanto o comunismo soviético como a social-democracia. Quem venceu foi o capitalismo à custa da democracia. Essa vitória traduziu-se na emergência de uma nova versão do capitalismo, o neoliberalismo assente na desregulação da economia, na demonização do Estado e dos direitos laborais, econômicos e sociais, na privatização total da atividade econômica e na conversão dos mercados em regulador privilegiado tanto da vida econômica como da vida social. O neoliberalismo começou por ser violentamente ensaiado no Chile (1973), por instigação da CIA e com a "cooperação" dos ditadores militares brasileiros, foi imposto em muitos países do Sul Global e presidiu às transições democráticas no sul da Europa na década de 1970 e na América Latina na década de 1980.

Até então o Estado democrático ou social de direito era a expressão da compatibilidade possível entre democracia e capitalismo. A partir de 1989, a democracia passou a estar subordinada ao capitalismo e a ser defendida apenas na medida em que protegesse os interesses do capitalismo, a chamada "*market friendly democracy*". A ela se contrapôs a social-democracia que von Hayek caracterizara como "democracia totalitária".[3] Como o objetivo principal é a defesa do capitalismo, sempre que a burguesia nacional/internacional o considera em perigo a democracia deve ser sacrificada, um sacrifício que, segundo as circunstâncias, tanto pode ser total (ditaduras militares ou civis) como parcial (Itália do pós-guerra, golpes jurídico-parlamentares dos nossos dias). A diplomacia e a contrainsurgência norte-americanas têm sido os grandes promotores globais dessa ideologia.

Os movimentos antissistêmicos

E os movimentos antissistêmicos neste último período? É de novo necessário distinguir

---

[3] HAYEK, F. A. *The Road to Serfdom*. London: Routledge, 1944; "The Principles of a Liberal Social Order", *Il Politico* 31, n. 4, Dec. 1966, p. 601-618.

entre os de esquerda e os de direita. Quanto aos de esquerda, os antigos movimentos revolucionários converteram-se em partidos democráticos e reformistas. A luta anticapitalista converteu-se na luta por amplos direitos econômicos, sociais e culturais, e a luta antidemocracia liberal converteu-se na luta pela radicalização da democracia: a luta contra a degradação da democracia liberal, a articulação entre democracia representativa e democracia participativa, a defesa da diversidade cultural, a luta conta o racismo, o sexismo e o novo/velho colonialismo. Esses partidos deixaram, pois, de ser antissistêmicos e passaram a lutar pelas transformações progressistas do sistema democrático liberal.

Os movimentos antissistêmicos de esquerda continuaram a existir, e pode mesmo se dizer que se ampliaram, dado o mal-estar social crescente causado pela subordinação incondicional da democracia ao capitalismo, traduzido em repugnante desigualdade social, discriminação racial e sexual, catástrofe ecológica iminente, corrupção endêmica, guerras irregulares, e ainda pela incapacidade dos partidos de esquerda de travarem esse estado de coisas. Esses movimentos assumiram novas formas e, em alguns casos, é mesmo duvidoso que se possa falar de antissistema. Alguns movimentos vindos de períodos anteriores prosseguiram a sua militância, por vezes com luta armada, até muito recentemente, e outros ainda a continuam.

É o caso dos grupos de guerrilha da Colômbia. O grupo guerrilheiro FARC operou entre 1964 e 2017. A deposição das armas só teve lugar depois da assinatura dos Acordos de Paz celebrados em Havana em 2016. Outros grupos de guerrilha (por exemplo, o ELN) continuam a operar no país. Na Índia, a Insurgência Naxalita, de inspiração comunista-maoísta e com recurso à luta armada, tem operado desde 1967 em algumas comunidades rurais do sul e do leste do país. Há ainda que se registar dois movimentos antissistêmicos de extrema-esquerda (tanto contra o capitalismo como contra a democracia liberal). O EZLN, o movimento neozapatista do sul do México, emergiu nacional e internacionalmente em 1º de janeiro de 1994 com um levantamento armado. Deu rapidamente lugar a outras formas de ação e de narrativa política extremamente inovadoras. Privilegiando a total autonomia em relação ao

Estado e a autodeterminação, combinam a luta local (as organizações comunitárias indígenas e feministas na Selva Lacandona em Chiapas) com a luta global, de que o exemplo mais recente é a viagem à Europa que iniciaram em 10 de abril, em solidariedade a movimentos de autonomia local em vários países. O outro caso é Rojava, o governo autônomo no Curdistão da Síria criado em 2012. Diversos grupos étnicos do norte e do leste da Síria uniram-se para estabelecer um sistema de autogoverno pluralista, de inspiração anarquista e ecologista, e com respeito pela igualdade de gênero. Comunas de rua formam a unidade base deste modelo e são representadas no nível superior em concelhos de bairro, vila, distrito e nacionalidade. A maioria das decisões sociais, políticas e econômicas são feitas através dos debates que têm lugar entre essas comunas e conselhos. As quotas de gênero e o princípio da copresidência em todos os níveis garantem o acesso igualitário das mulheres aos processos de tomada de decisão. A estrutura político-administrativa é a Administração Autônoma da Síria do Norte e do Leste, que não é reconhecida como entidade política nem pelo Estado sírio, nem pela comunidade internacional.

Outros movimentos de tipo novo surgiram, entretanto. Aos antigos movimentos revolucionários e sindicais sucederam os novos movimentos sociais de nível local, nacional e mesmo global (Via Campesina, Marcha Mundial das Mulheres e várias articulações globais surgidas dentro e fora do Fórum Social Mundial, que se reuniu pela primeira vez em 2001 no Brasil). Novos atores sociais emergiram, nomeadamente os movimentos feministas, indígenas, ecológicos, LGBTQI, de economia popular, de afrodescendentes. Muitos desses movimentos têm objetivos anticapitalistas e visam formas de democracia radical. Alguns deles têm conseguido realizar esses objetivos no nível local, transformando-se, assim, em utopias realistas. Até agora não lograram ter uma influência política mais consistente nem nacional nem globalmente por dificuldades nas articulações translocais e pelo fato de o sistema político democrático liberal estar monopolizado pelos partidos que, tanto à direita como à esquerda, tendem a ser hostis à autonomia dos movimentos sociais. São movimentos pacíficos, guiados pela ideia de democracia de base intercultural, de ecologia política, e pela articulação entre a igualdade e o respeito pela diferença. Distinguem-se pela luta antirracista e antissexista, pela luta contra o capitalismo extrativista (megaprojetos mineiros, hidroelétricos e de agricultura industrial), pela valorização das economias populares e dos saberes ancestrais das comunidades camponesas, indígenas e afrodescendentes e pelo direito à cidade e à moradia digna.

Por sua vez, os movimentos antissistêmicos de direita (a extrema-direita) ganharam um novo ímpeto no último período. A derrota do nazismo e do fascismo (em Portugal e na Espanha, entre 1974-1976) foi avassaladora. Depois de 1989, assistimos à emergência ou à crescente visibilidade de grupos de extrema-direita, quase sempre envolvidos em retórica e ações de ódio e violência racial. Em 2020, segundo um relatório da plataforma Antifa Internacional, houve 810 ataques provocados por "fanáticos, fascistas e violência de extrema-direita" de que resultaram 325 mortes.[4] Muitos desses movimentos mantiveram-se na ilegalidade

[4] Ver https://bit.ly/3sJEjaB. Acesso em: 11 ago. 2021.

ou exploraram zonas cinzentas ou híbridas que tenho designado por "alegalidade". Nos últimos vinte anos esses grupos assumiram nova agressividade, procuraram a legalidade e a própria conversão sistêmica ao transformarem-se em partidos, que conseguiram legalizar com artifícios de linguagem e com a cumplicidade dos tribunais. Quando isso aconteceu, mantiveram estruturas clandestinas formalmente separadas da estrutura partidária, mas organicamente articuladas como fontes da mobilização política que os partidos por si não têm capacidade de garantir.

Com a chegada de Donald Trump ao poder, os movimentos de extrema-direita ganharam um novo fôlego e diversificaram-se internamente. Os grupos de extrema-direita e as milícias norte-americanas tinham, entretanto, aumentado, sobretudo depois que Barak Obama chegou ao poder. O respeitado Southern Poverty Law Center identificou, em 2020, 838 "grupos de ódio".[5] Alguns são nazis, estão fortemente armados e reivindicam-se

[5] Ver https://bit.ly/3Bbk7RT. Acesso em: 11 ago. 2021.

da herança dos movimentos de linchamento racial do século XIX (o Ku Klux Klan). Fora dos EUA, grupos paramilitares e milícias na Colômbia, no Brasil, na Indonésia e na Índia chegam perto do poder institucional. O caso do paramilitarismo colombiano é particularmente significativo. Esses grupos de contrainsurgência existem desde a década de 1980, e a sua profunda articulação com as forças policiais e militares tem-se tornado cada vez mais evidente. Cria-se assim um Estado profundo, constituído por um braço legal, formalmente democrático, e um braço ilegal, violento e despótico.

A característica que mais distingue os novos movimentos de extrema-direita é a sua articulação global, que antes não existia ou não era visível, e que tem nas redes sociais um instrumento privilegiado de difusão. O agente mais visível dessa promoção, na Europa e nas Américas, é Steve Bannon, uma figura sinistra e criminosa que tem sido bajulada pela comunicação social ingênua ou cúmplice. Esses movimentos conquistam espaço social não graças à exaltação dos símbolos nazis (a que também recorrem), mas por meio da exploração do mal-estar social que a subordinação crescente da democracia ao capitalismo provoca. Ou seja, exploram as mesmas condições sociais que sempre mobilizaram os movimentos antissistêmicos de esquerda. Mas, enquanto para estes o mal-estar social decorre precisamente da sujeição da democracia às exigências do capitalismo, exigências cada vez mais incompatíveis com o jogo democrático, para os movimentos de extrema-direita o mal-estar decorre da democracia, e não do capitalismo. É por isso que, tal como na década de 1930, a extrema-direita é acarinhada, protegida e financiada por setores do capital, sobretudo pelo financeiro, o mais antissocial de todos os setores do capital.

Duas perguntas surgem neste contexto. Primeira: por que é que reemerge agora a extrema-direita se, ao contrário de nos anos 1920-1930, não há ameaça comunista nem grande militância sindical? Essa ameaça era uma das respostas à grave crise social e econômica que se vivia então. Hoje essa resposta não existe, mas a crise dos próximos anos ameaça ser tão grave quanto a daqueles anos. Os *think tanks* capitalistas globais (incluindo os chineses) têm vindo a assinalar o perigo de desestabilização política decorrente da iminente crise social e econômica, agora agravada com a pandemia. Sabem que a ausência de alternativas anticapitalistas ou pós-capitalistas não é definitiva. A longo prazo, podem surgir, e é melhor prevenir do que remediar. A resposta tem vários níveis. O mais profundo é o aperfeiçoamento do capitalismo de vigilância que, com a quarta revolução industrial (inteligência artificial), torna possível desenvolver controles eficazes da população. No nível mais superficial, promove-se a ideologia intimidatória, antidemocrática, racista e sexista. A linguagem do passado é, neste caso, mais eficaz que a do presente e, por isso, a retórica de extrema-direita fala do novo perigo comunista, que tanto vê nos governos democráticos, como no Vaticano do Papa Francisco. Nos EUA, o partido democrático, de centro-direita, é invectivado como esquerda radical, confusamente ligada ao grande capital e às tecnologias de informação e de comunicação. No Brasil, a extrema-direita instalada no poder federal fala do perigo do "marxismo cultural", um slogan nazi para demonizar os intelectuais judeus. O que se pretende é maximizar a coincidência da democracia com o capitalismo através do esvaziamento do conteúdo social da democracia, fraca em proteção e forte em repressão. Os *think tanks* sabem que todos esses planos são contingentes e que os movimentos antissistêmicos podem lançá-los no lixo da história. Daí que mais valha prevenir que remediar.

Segunda pergunta: a extrema-direita tem ou não vocação fascista? A extrema-direita não é monolítica nem se pode avaliar exclusivamente pela sua face legal (quando a tem). Daí a complexidade do julgamento. A história ensina-nos duas coisas. A democracia liberal não sabe defender-se dos antidemocratas; aliás, desde 1945, nunca como hoje se viu com tanta frequência antidemocratas serem eleitos para altos cargos. São antidemocratas porque, em vez de servirem a democracia, servem-se dela para chegar ao poder (tal como Hitler) e, uma vez no poder, nem o exercem democraticamente nem o abandonam pacificamente se perdem as eleições. Contam inicialmente com o apoio da mídia convencional e, a partir de certo momento, com os seguidores nas redes sociais, intoxicados pela lógica da pós-verdade e dos "fatos alternativos".

Mesmo antes de qualquer desenlace ditatorial, a extrema-direita de hoje tem dois dos componentes fundamentais do nazifascismo: a glorificação da violência política e o discurso do ódio racial contra as minorias. Falta apenas a ditadura, mas alguns elogiam a tortura (Jair Bolsonaro no Brasil) e promovem as execuções extrajudiciais (Rodrigo Duterte nas Filipinas). O perigo desses dois componentes pode ser maximizado por três fatores. Primeiro, a cumplicidade dos tribunais com um entendimento equivocado (ou pior) da liberdade de expressão. Segundo, o deslumbramento da mídia com a retórica "pouco convencional" dos protofascistas e o protagonismo dos ideólogos de direita, que separam artificialmente a mensagem política, que aprovam, do que consideram ser excessos descartáveis (prisão perpétua, esterilização de pedófilos, deportação de imigrantes, segregação das minorias), silenciando que são precisamente esses "excessos" que atraem parte dos seguidores. Terceiro, a legitimação que lhes é dada por políticos de direita moderada, transformando-os em parceiros de governo na esperança de poder moderar tais excessos. Na Alemanha pré-nazi ficou tristemente famoso Franz von Pappen que, em 1933, teve um papel crucial em vencer a resistência do presidente Paul von

Hindenburg em nomear Hitler para o cargo de chefe do governo e, tendo ele próprio integrado esse governo, se mostrou totalmente incapaz de controlar o "dinamismo" golpista nazi.

A defesa da democracia

A defesa de democracia contra a extrema-direita passa por muitas estratégias, umas de curto prazo, outras de médio prazo. A curto prazo, ilegalização, sempre que a Constituição é violada, isolamento político e atenção à infiltração nas forças policiais, no exército e na mídia. A médio prazo, reformas políticas que reenergizem a democracia, políticas sociais robustas que tornem efetiva a retórica de "não deixar para trás" nem ninguém nem nenhuma região do país; em países como Portugal, fazer o julgamento político dos crimes do fascismo e do colonialismo para, com isso, descolonizar a história e a educação, promover novas formas de cidadania cultural e respeitar a diversidade que dela decorre; em países como o Brasil, fazer o julgamento político da ditadura militar e dos seus crimes, para com isso fazer uma pedagogia da democracia que vá para além das igualdades formais, legitimando desigualdades reais, como é próprio da democracia liberal. Acossada pela ideologia global da extrema-direita, a democracia morrerá facilmente no espaço público se não se traduzir no bem-estar material das famílias e das comunidades. Só assim a democracia impedirá que o respeito dê lugar ao ódio e à violência, e a dignidade dê lugar à indignidade e à indiferença.

Alianças antissistema: varrer as ruínas e adiar o fim dos mundos

HELENA SILVESTRE

Tantos meses vivendo a gramática de uma pandemia fizeram com que 2020 seguisse em 2021. Talvez o passado caminhe mesmo conosco, incrustado nas camadas do presente.

Confinar e desconfinar. Experimentei a volta ao trabalho presencial, por dois dias semanais, pouco antes duma nova avançada no número de óbitos e infectados no Brasil. As cadeiras e os computadores são melhores do que os que tenho em minha casa, mas o regresso à modalidade híbrida de trabalho me fez pensar numa engrenagem carcomida insistindo em girar, sem poder, no entanto, esconder-se dos solavancos que espreitam, ameaçando a esquina de cada dia novo.

Assim, emperrada, a engrenagem tenta seguir movimento numa vida em transição vertiginosa, ora completamente alterada, ora buscando desesperadamente voltar a um desenho feito de ruínas. O *normal* é uma ruína, há muito tempo, que segue existindo também como miragem.

Alta de óbitos. Trabalho remoto outra vez.

Meu cotidiano é comum a milhões de seres humanos que estão confinados há muito tempo em vidas que valem o lucro que geram, administradas por mecanismos biopolíticos. E estamos vinculados ao cotidiano de outros milhões, expropriados de tudo, que aparentemente não geram lucro nenhum e a quem está reservada a necropolítica.

Nunca deixei de me mover nos territórios onde vivo, mesmo na pandemia. São territórios periféricos, povoados de favelas e novas ocupações urbanas que brotam com o aumento do custo de vida, do desemprego, do abandono, da desigualdade, da fome e da violência.[1]

Enquanto me desloco para distribuir comida entre becos e vielas desassistidos de tudo

---

[1] SILVESTRE, Helena. *Notas sobre a fome*. São Paulo: Selo Sarau do Binho, 2019.

quanto são direitos humanos, não me canso de olhar com saudade a imagem das pipas coloridas no céu, capitaneadas por meninos escalando lajes. Para a minha geração de favelados, as pipas no céu marcavam o início das férias de verão, época do ano em que podíamos correr pelas ruas, brincando até a noite, gritando palavras estúpidas e morrendo de rir com besteiras. Tudo isso ainda acontece, em meio à pandemia, inclusive a da fome.

Meu ano de 2020 foi tragado pela necessidade de organização comunitária, entre mulheres faveladas e periféricas, com o objetivo de colaborar com a defesa da vida de nossas comunidades, ameaçadas de todas as formas possíveis. Na verdade, há tempos que parte significativa dos meus anos tem sido tragada por essa necessidade, já que lamentavelmente as ameaças acompanham-nos há séculos.

Mas é certo que a pandemia fatalmente agravou tais mazelas e produziu outras tantas.

A auto-organização comunitária foi e é vital, é *sine qua non*, é uma urgente questão de vida ou morte por aqui. Porque nas comunidades mais vulnerabilizadas e com menor grau de organização – justamente aquelas onde é mais urgente estar – a vida parece um *déjà vu* secular, de gente lançada em condições indignas, de esgotos a céu aberto inundando casas, de chuvas arrasando moradias frágeis penduradas em barrancos, abrigando pessoas fortíssimas e cansadas, que procuram sobrevida ou refrigério em bares, igrejas e calçadas. Tudo isso em meio à pandemia e muito disso em meio à democracia.

É bem verdade que caminhar com aqueles e aquelas que caminham mais lentamente seja o único modo de escapar deste beco sem saída. As razões disso se evidenciaram numa das lições do vírus[2]: a de que, enquanto alguém estiver em risco, nenhum de nós estará a salvo e, portanto, caminhar mais lentamente procura garantir que nenhuma vida fique sozinha ou fique para trás.

Nestes mundos que estão sendo massacrados e ainda mais saqueados agora mesmo, o que as pessoas mais desejam é um pouco de paz, um pouco de comida, uma casa onde possam descansar sem temer e alguma saúde e educação acessíveis. Podemos nomear esses desejos realizados com diferentes palavras, anunciando diferentes

---

[2] SANTOS, Boaventura de Sousa. *A cruel pedagogia do vírus*. São Paulo: Boitempo, 2020.

modos de organização não capitalistas, podemos nomear também com a palavra "democracia", em seu sentido mais profundamente radicalizado. Mas não esqueço que, para uma parte imensa dos que caminham mais lentamente, o regime democrático tenha sido experimentado no corpo atingido pelas balas achadas das forças militares e paramilitares, atingido pelos despejos e remoções, pelas diásporas forçadas, atingidos pelas queimadas, inundações e secas produzidas pela ganância incansável do sistema capitalista, patriarcal e colonizador.

Para a imensa maioria das populações vulnerabilizadas, o nome que se dará ao que desejam não é um debate do qual participam ativamente, e penso que almejam respirar seja lá como for, tendo seus desejos muitas vezes mobilizados contra si mesmos pelas falsas performances antissistema de conservadores de extrema-direita, ou mesmo por fascistas.

Essas performances, quando entronizadas pelas eleições, não resistem à experiência, porque estes não são realmente antissistema, são antidemocratas liberais, que se servem dessa mesma democracia para estar em condição de manter e fortalecer o sistema, provendo a ele a carne e o sangue de que necessita em períodos de crise; e ele é um sistema de crises.

Ficamos diante então de uma depredação ainda maior da vida que faz ferver o ódio e a indignação contra o sistema, assassino, violador, violento, injusto e odiável. Mas a experiência não resolve nossa encruzilhada porque o "antissistema" da vez, cumprindo seu papel, pode até ser arrancado do poder: o sistema fabrica sempre um novo títere adequado a comandar o saque e o extrativismo brutal sobre nós. O conservadorismo, a extrema-direita e o fascismo são componentes integrantes do sistema, e essa é uma distinção importante de difundir.

Aceitar que o sentido de "antissistema" tenha sido inexoravelmente capturado pela extrema-direita, tomar isso como dado, representa para mim uma derrota, uma que não posso aceitar sem muita briga. Porque o sistema é uma ruína, putrefeita há muito tempo e que precisa ser varrida pelo caráter destrutivo, como dizia Walter Benjamin.[3] Porque não posso defendê-lo,

---

[3] BENJAMIN, Walter. O caráter destrutivo. In: *Rua de mão única*. São Paulo: Brasiliense, 1987. (Obras escolhidas, vol. 2).

não posso defender esse sistema; os que andam mais lentamente seguem sendo massacrados por ele a cada instante e o odeiam, ainda que não o nomeiem.

O relógio do apocalipse

Podemos analisar um longo período de tempo e compreender que os países liberais, sobretudo a partir de 1945, baixaram a tensão entre democracia e capitalismo, realizando concessões inimagináveis às classes trabalhadoras (que se foram convertendo em classes médias). Mas precisamos pensar em como foram produzidas essas concessões. Porque, se elas significaram os "30 anos gloriosos" em alguma parte do mundo, em outras, como no Brasil, parte do período correspondente foi vivida como os "20 anos de ditadura" (1964-1984).

Há um pensamento que fincou seu horizonte em que esses anos gloriosos de algum lugar fossem universalizados para todos os lugares; um pensamento de *desenvolvimento para todos*. Mesmo que houvesse "sucesso" em converter grande parte das massas do mundo em classes médias, isso significaria o suicídio da humanidade, já que a natureza não suportaria a expansão generalizada dum modo tão nocivo de vida.

Posso compreender que, mais adiante, parte das lutas anticapitalistas se converteu numa luta em defesa de amplos direitos econômicos, sociais e culturais, mas devo dizer que lutas já existiam antes, pelas mesmas coisas, ainda que nomeadas de modo diferente da palavra "anticapitalismo". Por vezes nomeadas como a defesa de sistemas vivos e antagônicos a ele.

Se mais adiante a luta antidemocracia liberal se converteu na defesa da diversidade, nas lutas contra o racismo, contra o sexismo e contra o novo e velho colonialismo, devo dizer que já existiam lutas seculares, pelas mesmas causas, ainda que não se nomeassem como lutas em defesa da democracia que chegamos a conhecer.

Sei que o nome não é e nem deve ser nossa preocupação mais importante, mas o que gostaria de frisar é que a luta em defesa de democracia radical só pode ser consequente assumindo e incorporando indissociavelmente as lutas anticolonial, antissexista e anticapitalista. Radicalizando seu sentido, essa luta deve necessariamente conceber que outras lutas puderam historicamente articular esses eixos congregados em lemas diferentes do de *mais democracia ocidental*. Lemas antissistema e por vezes em defesa de um sistema antagônico ao capital, como é a reivindicação dos povos originários.

É fato que os movimentos de organização popular não se afirmaram como alternativas consistentes em âmbito nacional ou global ao capitalismo.

Mas talvez possamos pensar que, justamente a democracia de base e a valorização de outras epistemologias tenham levado esses movimentos a renunciarem às dimensões da nação e da globalização, por conhecerem a marca epistemicida do caráter nacional, que traçou fronteiras separando povos irmãos, ou por conhecerem o caráter homogeneizante e assassino da globalização que chegamos a experimentar. Talvez possamos pensar que não se afirmaram como alternativas nacionais ou globais por saberem dos riscos de uma expressão nesses níveis que não seja traiçoeiramente apropriada pelo sistema.

A diversidade não impede, contudo, a possibilidade de reivindicações comuns, como eixos unificadores. Uma delas, a de soberania aos povos e comunidades sobre seus corpos e territórios, questiona, por si só, um sistema universal de leis, um sistema universal de organização política e um sistema universal de articulação econômica.

Grande parte dos Estados e das democracias do mundo foram produzidos com base em pressupostos de uma determinada cultura, a cultura ocidental, imposta ao mundo pela força bruta.

Nasci no último ano da ditadura civil-militar brasileira, em 1984, e vivi toda a minha vida já sob o regime capitalista-democrático. Cresci sob a égide da democracia e desde criança tinha medo das polícias e também medo da fome.

Não conheci o que significa ser criminalizado, preso ou morto por aquilo que se pensa e repudio a ditadura e suas atrocidades, com todas as minhas forças. Mas, infelizmente, conheci o que significa ser criminalizado, preso e morto por aquilo que se é, pela cor da pele, pelo lugar onde se vive, por ser pobre, por ser transgênero ou por ser mulher. Vivi a democracia que não criminaliza formalmente os diferentes modos de pensar, mas que na prática os bloqueia, os impede e elimina sua manifestação real, na medida em que nos elimina como povos de onde minam outras epistemologias.

Epistemologias que não participam dos pressupostos da modernidade ocidental, epistemologias que se articulam sobre outros pressupostos, epistemologias como as do Sul, reconhecidas e afirmadas por Boaventura.[4]

Em plena democracia, sabemos da necessidade de leis para defender as terras indígenas e lutamos por elas, ainda que isso pareça contraditório. Mas por que precisamos de leis para defender outros mundos? Defendê-los de quem? Defendê-los de nós, defendê-los do sistema capitalista, incapaz por essência de conviver com outros sistemas e que se alimenta de tragá-los. Defendê-los de serem aniquilados, como vivos sistemas alternativos de sociedades, pela força do "mercado" que desde sempre se utilizou convenientemente do Estado.

Quando a queda do muro parecia enterrar tanto o socialismo soviético quanto a social-democracia, emergia uma forma ainda

---

[4] SANTOS, Boaventura de Sousa. *O fim do império cognitivo: a afirmação das epistemologias do Sul*. Belo Horizonte: Autêntica, 2019.

mais letal do sistema capitalista encarnada no neoliberalismo. O capitalismo mutante converteu-se em um monstro ainda mais devastador, e uma parte significativa das esquerdas se voltou para uma cega tentativa de fazer a mutação retroceder, em vez de investir esforços em derrotar o monstro.

Dissociadas dos que caminham mais lentamente, as esquerdas buscavam retornar a um caminho que aqui nunca passou de promessa, enquanto as populações violentadas investiam suas forças em sobreviver com alguma dignidade. Foi uma separação de caminhos que se mantém até agora e se aprofundou.

Alargar os olhos que foram recortados

A Fundação Nacional do Índio (FUNAI) possui 114 registros de povos indígenas isolados no perímetro da Amazônia legal.[5] São povos que não querem ser integrados ao sistema, povos que se negam a estabelecer relações com um

[5] BRASIL. FUNAI. Povos indígenas isolados e de recente contato. Disponível em: https://bit.ly/3xoab5h. Acesso em: 03 ago. 2021.

mundo que os ameaça, povos que decidem estar isolados porque são autossuficientes e reconhecem os riscos a que estão submetidos em caso de integração. Não querem este sistema, não estão dedicados a reformá-lo, não reivindicam ser por ele reconhecidos, apenas querem distância.

Davi Kopenawa, em *A queda do céu*, diz que "Os brancos não conseguem se expandir e se elevar porque querem ignorar a morte [...] Os brancos não sonham tão longe quanto nós. Dormem muito mas só sonham consigo mesmos".[6]

Aceitar a morte, a nossa própria e também a morte de tudo o que vive, diz respeito a como vivemos. Vivemos iludidos, explorando a natureza como se ela nunca fosse morrer? Vivemos mirando um futuro que nunca existiu fora de nossas cabeças, como se não fôssemos morrer? É preciso viver em coerência com a consciência da morte, consciência que cultiva

---

[6] KOPENAWA, Davi; ALBERT, Bruce. *A queda do céu: palavras de um xamã yanomami*. São Paulo: Companhia das Letras, 2010, p. 390.

milenarmente a floresta amazônica para que ela não se acabe.

Nós precisamos aprender a sonhar com algo mais do que nós mesmos, sonhar com mundos possíveis que não sejam feitos à imagem e semelhança deste mundo capitalista – ainda que colorido por direitos decretados por um Estado acima de nós.

Precisamos aprender a sonhar sonhos que nos elevem a outras realidades possíveis, completamente diferentes desta e estruturadas sobre outros termos, termos inconciliáveis com a propriedade privada da terra, inconciliáveis com o desenvolvimento, inconciliáveis com o mercado, inconciliáveis com a exploração, a espoliação e a opressão de quem quer que seja, humano ou não humano.

Não quero dizer que as alternativas indígenas sejam algum modelo universalizável de resposta, mas elas oferecem um exemplo (entre outros) de como um real sentido antissistema segue existindo, inapropriável pela extrema-direita e secundarizado como adorno cultural pelas esquerdas – sempre de racionalidade autodeclarada superior, porque científica. As alternativas indígenas não querem dizer como todos devem viver, mas nos ajudam a perceber que viver diferente é possível, que pensar diferente é possível, abrindo campo a maneiras que talvez nos ajudem a sair da encruzilhada em que nos metemos como humanidade.

Se acolhermos, por um minuto, pressupostos de algumas dessas epistemologias, tomaremos como sujeitas a terra e toda a vida natural, percebendo que, em decorrência disso, qualquer saída única é impossível, já que, a depender de onde estamos, os arranjos precisam mudar para garantirmos as mesmas coisas.

Em territórios favelados, por exemplo, um amálgama cruza vestígios de modos originários de pensar e viver com modos rurais de pensar e viver, com modos de matriz africana em coexistência contraditória com modos de pensar e viver impostos pela sociedade da mercadoria.

Somos os condenados da terra, desterrados e sem-terra, descobrindo lentamente de onde viemos e aquilo que já pudemos alcançar um dia, quando pudemos pertencer a alguma terra, a algum lugar.

Esse emaranhado urbano absorvente de desterrados em megalópoles estúpidas e mortais é uma trama complexa: por aqui precisamos de diversas ferramentas para compreender a nós mesmos e ao mundo em que nos localizamos.

O marxismo, assim como toda a elaboração crítica que nasce das lutas de trabalhadores ao longo da história, deve interessar aqueles que desejam recalcular a rota torta da humanidade, porque se constitui como parte de uma radical autocrítica ocidental do ocidente. Mas depois de dois séculos insistindo em se mover *acaudilhando* a todas as outras possibilidades antissistêmicas, será que o marxismo não poderia ousar engajar-se em formas antissistêmicas nascidas fora dos termos ocidentais? Será que não poderia perseguir a defesa dos múltiplos mundos que ainda resistem ameaçados com a mesma pujança com que se oferta à batalha pelo Estado?

É possível e urgente edificar em aliança um projeto realmente antissistema, um projeto que conteste as bases do capitalismo, suas lógicas e suas múltiplas facetas, inclusive as da extrema-direita e dos fascistas, inclusive a do desenvolvimentismo, industrial, agroindustrial ou hidroindustrial.

A Aliança dos Povos da Floresta pôde, em seu momento, reunir também aquelas e aqueles que se deixaram converter pela floresta e seus ensinamentos. Os seringueiros acorrentavam-se nas árvores para impedir a sua queda, e muitos morreram junto com as árvores que defendiam, por entender que não há vida que não seja interdependente neste cosmos.

Somos capazes dessa ousadia? Somos capazes de lutar por uma sociedade em que os sábios são fúteis, já que tudo o que vive tem sabedoria à sua maneira?

Sabedorias originárias convocam-nos a adiar o fim do mundo.[7] Mas adiar o fim daqueles mundos que estão sempre ameaçados pela lógica da mercadoria. Os marxistas, por sua vez, convocavam-nos a cooperar com a aceleração do fim do mundo. Mas o fim deste mundo capitalista, violento e injusto.

Foi sempre importante distinguir entre esquerda e direita, e ainda hoje é. Mas esses termos sempre foram insuficientes para traduzir os mundos e as dinâmicas sociais que ainda resistem ao capitalismo e ao sistema, sobrevivendo apesar deles e contra eles. São termos que podem levar-nos a ver como pequenas as forças anticapitalistas,

---

[7] KRENAK, Ailton. *Ideias para adiar o fim do mundo*. 2. ed. São Paulo: Companhia das Letras, 2020.

porque as reduzimos àquelas que se nomeiam como esquerdas, e essas são mesmo poucas e mais frágeis do que a força que vejo quando enxergo outras lógicas antissistêmicas que sobrevivem. São termos que não dão conta de expressar os sentimentos de quem constitui a imensa maioria aviltada da humanidade.

Mesmo sem a ameaça comunista, a extrema-direita cresce, alimentando-se do ódio e do medo produzidos como efeito colateral de sua destruição e assumindo as posições abandonadas por esquerdas que não param de recuar. Talvez a extrema-direita cresça justamente graças à desistência da ameaça comunista, que deixou de convocar o fim do mundo capitalista, que deixou de se fazer ameaça.

É como se as esquerdas tivessem acolhido o fim dos mundos quando deixaram de conspirar pelo fim do sistema como única escapatória ao fim da humanidade, quando esqueceram que a ameaça comunista era o fantasma de uma sociedade comuneira e sem Estado.

A ideia de que tudo pode piorar e que, portanto, é preciso nos mover pouco e com cautela, ou mesmo nos manter paralisados onde estamos, esteve muito em voga nas últimas décadas e, ao contrário de preservar conquistas sociais e econômicas, ou de consolidá-las e expandi-las, o que assistimos foi a destruição das poucas e dúbias conquistas que chegamos a conhecer.

O futuro foi reduzido aos termos ocidentais, únicos enxergados no presente, e por essa lupa, já não podemos escapar. O temido fim da história, o fim da humanidade, a expressão da distopia do tempo do capital... Mas outros tempos ainda existem convivendo com este. São tempos que sobrevieram.

O Brasil possui uma população carcerária de 800 mil pessoas, quase 30% dela não foi sequer julgada e mais da metade, 51%, está presa por crimes contra o patrimônio.[8] O sistema rouba tudo das pessoas e depois as encarcera por roubar. Entre 2008 e 2018 o homicídio de pessoas negras aumentou 11,5%, enquanto o homicídio de pessoas brancas caiu 12,9%, segundo o Atlas da Violência 2020. Em 2018, segundo o Sistema de Informação sobre Mortalidade do

---

8 BORGES, Juliana. A desumanização: a pandemia amplia a violência contra os presos (e os negros) no Brasil. *Piauí*, n. 165, um. 2020. Disponível em: https://bit.ly/3xkw9px. Acesso em: 03 ago. 2021.

Ministério da Saúde (SIM/MS), foram assassinadas, no Brasil, 57.956 pessoas.[9]

Esses números evocam a destruição de comunidades urbanas empobrecidas, constituídas pela descendência dos povos que foram arrancados de seus territórios. A ameaça às vidas dos pobres é mais um elo que nos vincula à luta dos povos da terra, porque nos irmana na defesa da vida. Nós, os que, de modo diverso, vivemos sob constante ameaça.

No discurso da extrema-direita, o medo e a insegurança estão presentes e são convocados a apontar contra aqueles que foram escolhidos como inimigos responsáveis pela decomposição social. Segundo sua narrativa de ódio, estes são as mulheres, as pessoas trans, as pessoas negras, as pessoas indígenas, os espertalhões sem-teto, os vagabundos sem-terra, os jovens delinquentes, a população carcerária, os governos fracos, a democracia e suas leis brandas demais, o sistema que (em seus delírios)

---

[9] VASCONCELOS, Caê. Número de homicídios de pessoas negras cresce 11,5% em onze anos; o dos demais cai 13%. *El País*, 27 ago. 2020. Disponível em: https://bit.ly/37g9ZKC. Acesso em: 03 ago. 2021.

acolheria a todos os mencionados acima e aos seus defensores comunistas.

No discurso majoritário das esquerdas, não devemos sentir ódio, e a insegurança será resolvida se entregarmos nossa representação a postulantes esclarecidos, estudados e democratas. Quase sempre homens, brancos, heterossexuais e geralmente oriundos de classes mais abastadas. Estaremos seguros, e a extrema-direita, nessa narrativa, não é um subproduto do sistema, mas uma reação sazonal aos últimos grandes avanços da democracia e a algumas escolhas equivocadas.

Os que caminham mais lentamente não participam na peleja de discursos acima de suas cabeças, sugados que estão pelas vicissitudes da sobrevivência constantemente ameaçada. Têm ódio ao sistema, têm medo dele e possuem muito boas razões para isso.

Qual seria a potência de uma aliança em que a esquerda se engajasse em defender cotidianamente as existências ameaçadas sem a exigência de fazê-lo apenas em seus próprios termos? Que força produziriam o medo e a insegurança se convocados a agir contra o sistema? Esses sentimentos inescapáveis podem ser mobilizados a destruir o que nos ameaça com a destruição?

Eu acredito que sim, que uma aliança antissistema e anticapitalista é a única tarefa que dá sentido à entrega do tempo e das capacidades dos que almejam viver num mundo radicalmente distinto. O medo e a insegurança precisam ganhar sentido em qualquer projeto de futuro, pois são sentimentos que nos vinculam uns aos outros, em sonhos que conseguem ir além de nós mesmos.

A disputa pela terra me parece central, em todos os contextos, mas não a disputa por lotes ou porções de pequenas propriedades. Uma disputa que sustente territórios rebelados contra o sistema, territórios não submetidos às lógicas sistêmicas, pode-se nomeá-los também por "comuns".

As favelas são territórios híbridos, submetidos ao sistema, reproduzindo simultânea e contraditoriamente dinâmicas comunitárias antissistêmicas que precisam ser fortalecidas na batalha por enfraquecer as regressivas e capitalistas.

Saber de onde viemos, recuperar a história de nossos ancestrais e suas diásporas até o lugar onde nos encontramos colabora com sonhos que vão além de nós mesmos, sonhos de uma vida melhor, de uma vida digna, feliz.

Não me canso de olhar o festival de pipas no céu das periferias e pensar que destruir o sistema que domina a terra é nossa melhor tentativa de suportar o céu sobre nossas cabeças.

Não me canso de pensar que somos capazes, juntos, de alianças para a vida, alianças radicalmente diferentes deste pacto social necropolítico; não me canso de pensar que o medo provoca imaginações e que elas podem ser contaminadas por sonhos comunais além de nós mesmos.

E além deste sistema.

Sobre a reciprocidade e a capacidade de juntar mundo

AILTON KRENAK

O pensamento que vou colocar vem de há muito tempo, dessa história profunda, esse vínculo e essa relação com este país encaixado na América Latina, com sua geografia intimamente implicada na América Latina, mas com uma mentalidade portuguesa encravada na América Latina. Esse recorte de uma mentalidade portuguesa encravada na América Latina é importante para compreender um pouco a história dos povos originários que constituem a primeira população do território brasileiro e que até o século XXI continua invisível.

Um escritor peruano chamado Manuel Scorza tem um romance intitulado *Garabombo, o invisível*,[1] em que conta a história de pessoas que vivem num lugar onde elas não são reconhecidas, nem vistas, pelo olhar colonialista/colonial que incide sobre nós de uma maneira que cega a vista. Cega a vista daqueles que se sobrepõem a esse mundo e ocultam as imagens dos que vivem a realidade profunda desse mundo. No caso, este que nós chamamos, desde o evento colonial, de América Latina, mas para o qual os povos originários insistem em dar outro nome: chamam de Abya Yala, chamam de Pachamama, invocam outras memórias destes vastos territórios com uma vasta humanidade plural, com cosmovisões e outras percepções de presença no mundo.

No quadro de povos que habitam cosmovisões, o debate sobre a política se enquadra num molde, *a priori*, colonial. A episteme que instituiu o debate político é em si colonial. Ela traz um molde conceitual, estabelecido por uma lógica que nós, hoje, somos capazes de identificar como uma lógica Ocidental. É a razão do Ocidente imprimindo sentido em outros

[1] SCORZA, Manuel. *Garabombo, o invisível*. São Paulo: Civilização Brasileira, 1977.

mundos, criando sujeitos que vão ser a imagem e semelhança dessa racionalidade que instituiu, na América Latina, a política. Essa política dos homens, a governança, a política de governar, que se estabeleceu a partir do aparelho que é o Estado: são os Estados nacionais. Na América Latina, Estado nacional é Estado colonial. Não existe um Estado que não seja colonial.

Eu acompanho o debate sobre o novo constitucionalismo na América Latina com boa vontade. De vez em quando, experimento uma certa euforia quando vejo pensamentos andinos, pensamentos de povos que estão no Equador, na Colômbia, na Bolívia, mesmo no Chile, se insurgindo contra uma ordem colonial que estabelece que o Estado nacional tem esse poder de decidir sobre como nós vamos estabelecer as relações dentro dos contextos de países e nações latino-americanas, determinados por uma lógica que inspira o constitucionalismo colonial. Então, tudo o que vem desse grande vocalizador que é o Estado colonial, ele ignora e nega a originalidade, a pluralidade e a capacidade de invenção desses povos que não foram considerados integrantes do conserto civilizatório.

Esse conserto civilizatório é tão excludente que me inspirou as ideias que estão reunidas no pequeno livro *Ideias para adiar o fim do mundo*.[2] Pode parecer um exagero sugerir que existam ideias que possam adiar o fim deste mundo precário que compartilhamos, e a maioria de nós não teria motivo nenhum para pedir que ele continuasse existindo. Alguém até já me perguntou: mas por que você quer adiar o fim deste mundo? Não seria melhor deixar que ele descesse logo a ladeira e desse o fim de si?

Nós sabemos que esse mundo está mesmo com poucas ofertas de sentido para a gente. Poucas ofertas de sentido para que ele continue se dilatando como experiência humana e cultural no tempo e no espaço. Os territórios estão cada vez mais marcados pela violência antropocêntrica, essa violência que já está deixando marcas profundas e que anima algumas pessoas a dizer que nós estamos criando uma nova Era, que seria o Antropoceno. Houve um tempo em que alguém reclamava: "Ah nós vamos entrar numa nova era"; mas entramos, na verdade, em um

---

2 KRENAK, Ailton. *Ideias para adiar o fim do mundo*. São Paulo: Companhia das Letras, 2019.

período distópico em que as florestas, os rios, os oceanos, tudo o que é manancial de vida, está sendo disputado como se estivéssemos, de verdade, num fim de mundo. Em algum fim de mundo.

Um autor admirado aqui no Brasil, o antropólogo Eduardo Viveiros de Castro, costuma dizer que os povos indígenas já experimentaram muitos fins de mundo, e que estavam já alcançando uma certa especialização nesse tema: estão virando especialistas porque já tiveram vários mundos seus destruídos pela fúria colonial. Ao longo de três ou quatro séculos, territórios, vidas e modos de vida foram dizimados para imprimir um único formato, esse formato monocultural, monolinguístico, e que tem também uma epistemologia única, que insiste em negar qualquer outra observação sobre a possibilidade de o governo dos homens se organizar de outras maneiras que não essa estabelecida lá, digamos, no lema da revolução francesa: "igualdade, liberdade, fraternidade". A parte desse lema da qual definitivamente não conseguiram dar conta é a da fraternidade; ou a da reciprocidade, da capacidade de se afetar uns com os outros, de buscar entender que o outro, para além de uma alteridade oposta, é também a possibilidade de a gente se constituir como pessoa. Eu só posso ser alguém se existirem os outros. Mas essa fúria de eliminar o outro não permite que nos constituamos, cada um de nós, com a sua alteridade positiva capaz de interagir no mundo, de uma maneira que coopere para que o mundo seja melhor.

É importante ressaltar que essa trajetória que eu venho experimentando nos últimos 30, 40 anos não aconteceu na academia. Só muito recentemente é que eu tive uma aproximação com os debates que acontecem no campo, digamos, propriamente acadêmico, quando passei a participar de debates nas universidades onde alguns institutos se abrem para uma observação externa ao cânone ocidental.

É quando ficam conhecidas pessoas como Davi Kopenawa Yanomami, um contemporâneo meu, um amigo, autor de *A queda do céu*,[3] uma cosmovisão Yanomami, obra que eu considero fundamental para entendermos de onde é que nós falamos quando cogitamos um debate sobre política, sobre a forma como o pensamento colonial estabeleceu os

---

[3] KOPENAWA, Davi; ALBERT, Bruce. *A queda do céu*. São Paulo: Companhia das Letras, 2015.

protocolos. Protocolos que são instituídos, inclusive essa ideia de direita e de esquerda, que não serve para indicar se nós somos destros – a direita – ou sinistros – a esquerda –, então nem do ponto de vista físico nós atinamos com a ideia de direita e esquerda. Mas essas duas balizas estabeleceram praticamente todas as lutas políticas nos últimos duzentos anos; quem sabe até definiram tudo que aconteceu nos últimos duzentos anos essa história de direita e esquerda.

Sempre passei ao largo dessas definições, mas observei que alguns pensadores muito próximos se debateram entre essas duas linhas. E eu não poderia deixar de citar Darcy Ribeiro, um antropólogo brasileiro que foi exilado por um bom período de sua vida, nos anos 1960 e 1970, e que tem uma produção intelectual monumental, que botou em questão toda essa lógica colonialista em relação ao pensamento dos povos indígenas, dos povos originários. Darcy Ribeiro sempre reivindicou a necessidade de se observar o pensamento desses povos, e ele incluía na sua observação desde a América Central até a Terra do Fogo, o que ele chamava de “Povos Testemunho”.

Acho muito interessante esse termo que Darcy Ribeiro usava: "Povos Testemunho". Servia para dizer que havia uma memória que testemunhava a colonialidade e que, portanto, estava fora do molde ocidental. Essa memória conseguia olhar de fora, furava esse contêiner onde se debatem direita e esquerda, um debate que é muito importante porque ainda persiste como uma pedra pesada em todas as discussões acerca do modo de fazer política.

Aqui no nosso país nós já experimentamos esse debate quando se confrontaram, depois de um longo período de ditadura militar, a experiência de governos, digamos, de centro-esquerda e de direita. Todos falavam a mesma língua e parecia que o povo, essa ficção científica chamada "povo", era a matéria em discussão. Essa ficção, que é também política, "o povo", "o social", "a sociedade", foi construída, foi criada, exatamente para que esses dois polos de direita e de esquerda se instituíssem. É também uma epistemologia de direita que institui as práticas que são autonomeadas como de esquerda. Quando você olha o que fazem, tanto um polo quanto o outro se aproximam muito epistemologicamente, e isso foi observado lá na década de 1970 por pensadores daquele tempo.

Foi assim com Pierre Clastres quando veio viver com os povos indígenas aqui na América do Sul. Quando retornou para a Europa, após suas pesquisas com os Aché, foi trucidado pela crítica de esquerda porque disse que tanto o socialismo quanto o fascismo negavam a possibilidade de outros pensamentos. Clastres havia sido contaminado pelo pensamento ameríndio. Ele tinha sido contaminado por uma visão de viver no meio de um povo que dizia e que mostrava, na prática, que era uma sociedade que estranhava o Estado. Ao livro que escreveu sobre isso, deu o título de *A sociedade contra o Estado*, a sua obra clássica.[4] O que Clastres estava dizendo é que ele conheceu um povo que desconhecia o aparato, que ficou tão bem constituído nesses últimos anos, que são os Estados nacionais, e que são máquinas de fazer guerra. Independentemente de elas estarem sendo manejadas pela direita ou pela esquerda, são máquinas de fazer guerra. E instituem uma

---

[4] CLASTRES, Pierre. *A sociedade contra o Estado*. São Paulo: Cosac Naify, 2003.

ideia de sociedade que está bem configurada no quadro a que nós assistimos hoje nos Estados Unidos da América, quando o novo presidente disse em seu discurso de posse: "nós precisamos curar essa nação". Quer dizer, o diagnóstico é: estamos doentes, estamos gravemente machucados. Machucados por uma ideologia fascista que instituiu um poder soberano que tem o direito de matar qualquer um em qualquer lugar. É para isso, inclusive, que inventaram os *drones*, para poderem matar qualquer um em qualquer lugar sem ter que sair de casa.

Nós temos que olhar ao entorno em nosso cotidiano para sermos capazes também de desvendar o sentido da nossa história recente, o motivo por que nós dos países latino-americanos, mas também de outras nações que se achavam seguras nesse lugar de governantes do mundo, estamos nos sentindo desestabilizados. Porque não estamos mais sendo capazes de atribuir sentido à experiência política. Se a experiência política perdeu o sentido, todos caímos numa espécie de caos em que a violência fica sendo a única linguagem possível de instituir governo, independentemente de ser de direita ou de esquerda no campo teórico. No campo dos debates das ideias, ainda temos muito o que percorrer até alcançarmos um grau de esclarecimento em que os sujeitos parem de se iludir com uma prática de direita e uma epistemologia pretensamente de esquerda; um discurso que quer ser de esquerda e uma prática que insiste, tal como um aleijão, em reproduzir a política de violência da direita.

Acho importante que se considere que novas maneiras de fazer política estão emergindo de campos que são ainda considerados invisíveis. Elas estão acontecendo em comunidades, em pequenas comunidades que conseguem estabelecer experiências em rede que cooperam entre si e que, de alguma maneira, constituem um contragoverno – num bom sentido, já que o governo é instituído pela violência. Existe um governo dos afetos, da solidariedade, da ajuda mútua que se mobiliza em muitos lugares agora, neste momento de pandemia de covid-19; uma mobilização para levar comida, levar remédio, levar abrigo, levar conforto a pessoas espezinhadas pelo aparato do governo nacional. Considerar novas maneiras de fazer política é especialmente importante no caso brasileiro, onde nós estamos sendo governados por uma trupe de pessoas que tomaram o governo do Estado, o que mostra, inclusive, como o Estado é uma coisa fácil de ser manipulada. Se temos um déspota no governo, o Estado vai refletir isso. É um contágio. Se temos um Trump no governo, temos uma ameaça constante pairando pelas nossas cabeças. Se temos um sujeito como esse no governo brasileiro, mandando botar fogo nas florestas, queimar o Pantanal, que avalia os negros por arroba (como ele disse a respeito dos quilombolas) e considera que os índios são vagabundos; se temos um governo que verbaliza isso sobre seu povo, temos uma declaração de guerra feita por alguém que maneja os aparelhos do Estado, e que pode usar agências do Estado para matar pessoas; pode usar o Ministério do Meio Ambiente, o Ministério da Saúde contra as pessoas. Estamos vivendo o escândalo de ter um general, que não é médico, que não tem nada a ver com o campo da saúde, nem da saúde pública nem de saúde nenhuma, sendo ministro da saúde. Isso é mais ou menos como convidar um mecânico para dirigir um avião ou qualquer coisa parecida.

Estamos passando por esses escândalos e parece que há uma coerência nisso. E de onde é que vem essa aparente coerência? Ela vem de uma epistemologia que institui um direito, institui um modo de operar. Há um Supremo Tribunal Federal que, quando precisa analisar e tomar uma decisão, o faz dentro desse complexo epistemológico de rendimentos que foram instituídos por uma lógica que é excludente, capitalista e privada. Se a existência do Estado só faz sentido sendo ele uma coisa pública, vivemos a ironia de termos o Estado dominado por uma lógica privada.

Eu me pergunto, portanto, se não foi sempre assim: será que desde Colombo não foi assim? Será que quando Colombo veio aqui com as cartas dos reis e das rainhas para tomar conta das terras novas ele não veio exatamente instituir essa agência? Essa agência que hoje chamamos de "Estados", "Estados nacionais", que são os Estados Coloniais. Eles foram constituídos para isso mesmo, para morrer gente, no dizer de Darcy Ribeiro.[5]

Mencionei Pierre Clastres e Darcy Ribeiro porque queria compartilhar com vocês o fato

---

[5] RIBEIRO, Darcy. *Confissões*. São Paulo: Companhia das Letras, 1997.

de esses dois pensadores terem sido enterrados antes de morrer. As suas ideias foram jogadas fora antes que eles morressem. Um morreu bem jovem, o Pierre Clastres; o outro já em idade avançada, depois de ter sido ministro, vice-governador, secretário de educação, senador por vários mandatos, um grande mestre, fundador da Universidade de Brasília, um grande pensador.

Ora, Darcy Ribeiro não tinha nem tapado os olhos, e as universidades jogaram toda a contribuição crítica que ele produziu no lixo. Corremos o risco de comemorar o centenário do Darcy Ribeiro sem a obra dele, com os amigos dele invocando a sua memória como se fosse um Kuarup, um rito funerário. Enquanto o campo crítico, o campo do pensamento político, já o sepultou em vida. Isso é uma ofensa, e isso é uma realidade predatória, é uma incapacidade de conviver com a diferença. Não me importo se Darcy Ribeiro era considerado um pensador atrasado, *démodé*, o que me importa é que ele pensava e ele deixou um pensamento que deveria pelo menos merecer a análise, o debate. Quem sabe ele não deixou alguma coisa boa para nos orientar diante de um mundo que está cada vez mais vivendo numa realidade mentecapta, uma realidade de mentecaptos? É como se tivéssemos sofrido uma espécie de metástase: a burrice tomou conta de tudo, e a inteligência ofende.

É nesse sentido que trago este debate sobre a contradição que habita o fazer política, também por ter vivido a experiência de engajar-me na luta política e ver-me traído por todo o corpo epistemológico que constitui o saber político. Em verdade, estamos vivendo um mundo assaltado por analfabetos políticos, aqueles que Bertolt Brecht chamou de desgraça da terra.

Nesta reflexão, espero ter conseguido trazer essa parábola sobre o tempo que estamos vivendo. E, a despeito de ter ideias para adiar o fim do mundo em muitos momentos, o nosso desejo é que possamos nos abrir para outros mundos onde a diversidade e a pluralidade também estejam presentes, sem serem caçadas, sem serem humilhadas, sem serem caladas. E que possamos também experimentar viver em um mundo no qual ninguém precise ficar invisível, ninguém precise ser Garabombo, o invisível, no qual possamos ser quem somos, cada um com a sua singularidade, humanos nas suas competências, nas suas deficiências, nas suas dificuldades. E que sejamos capazes também de reciprocidade, que é um lema que deveria estar entre aqueles que propõem que nos juntemos para pensar mundos.

Este livro foi composto com tipografia Adobe Gamond Pro e impresso em papel Off-White 90 g/m^2 na Formato Artes Gráficas.